U0007669

居酒屋倉鼠

超譯鼠輩哲學

川辺石材的佐藤公亮　著

張萍　譯

歡迎光臨！座位還很空，
請選擇您喜歡的位置。

進了一些不錯的海鮮，所以我做了握壽司。

喳喳喳…

今天一整天辛苦你了!
肚子餓了吧?

我進了很不錯的石鯛魚呢！今天要把牠⋯⋯

直接啃了！

這是居酒屋特有的套餐哦?

嗯？

這傢伙叫作虎王。
我請他幫我拿酒來，結果……
他啥都沒做？

爬！

喂！

雖然他常常
不按牌理出牌，
但是他不是壞人啦，
請大家多多指教！

twitter 知名場景 風林火山

一、如風般，鑽入心房 …三十八

二、如林般，靜謐安寧 …四十二

三、如火般，暴怒 …四十六

四、如山般，溫柔療癒♪ …五十二

永遠與你在一起♡的回憶相簿 …五十四

勇猛的側臉特輯 …五十八

不為人知的拍攝花絮 …六十

每天都有人生日 …六十四

川边石材 佐藤公亮的 攝影日誌 …六十八

倉鼠銀次的出生地 …七十

未來的銀次團隊 …七十四

歷代銀次團隊大集合！ illustration by Nix …七十六

後記 後會有期！ …七十八

說到炒飯，還是我做的最好吃！

想吃吃看我做的炒飯嗎？

菜單

序幕　開店 …二

銀次團隊　倉鼠介紹 …十

銀次 …十二

虎王 …十八

文太 …二十二

金藏 …二十六

彌勒 …三十

稚樂＆和樂 …三十四

銀次團隊　知識集 …三十六

想點什麼菜呢？

銀次團隊 倉鼠介紹

我不能輸給銀次!

銀次 -ginji-

人稱【大阪大叔】。身為居酒屋的首領,確實有一點手腕,是一隻惹人憐愛的短尾侏儒紫倉鼠。銀次團隊繼承了他諸多的名言佳句及精神,目前銀次已在天國守護大家了。

虎王 -torao-

人氣緊次於銀次,是來自關西的黃金倉鼠。名字聽起來很兇猛,卻會說出與外表不符的療癒小語。他因為這種反差在某些地方受到歡迎,為銀次團隊增加了完全不同族群的人氣。

(信念)

銀次居酒屋!
滿懷期待地進來,滿心歡喜地離開!

雅樂 -garaku-

知名甜點老店的店長。最近已退休,每天沉浸於閱讀。出場時往往會讓銀次、金藏大吃一驚。

和樂 -waraku-

雅樂的雙胞胎弟弟。說實話,他並不太顯眼。偶爾會說關西腔。

在此介紹以【大阪大叔】銀次為中心的銀次團隊成員！
究竟是誰繼承了銀次老大的衣缽呢？

文太 -bunta-

是一隻人稱是銀次二代的紫倉鼠。眼睛總是亮晶晶，相當可愛，卻會急躁、瘋狂地在櫃台上亂竄。雖然很年輕，卻經常說出看似參透人生的大道理。

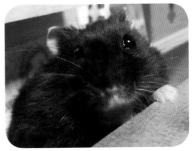

彌勒 -miroku-

銀次的入門弟子，是來自關西的短尾侏儒倉鼠，品種為黑坎貝爾侏儒倉鼠或純黑三線賈卡利亞倉鼠。雖然是銀次退休後的正牌繼承人，但是卻自學、專研藥品製作，甚至開設了新的南國風情餐廳！

金藏 -kinzo-

來自關東的調酒師。擁有壽司師傅、老闆等多種經歷。總是想用恭敬的遣詞用字哄客人開心，不過看起來卻像個輕浮、愛搭訕的傢伙。最近還有在當DJ喔。

南無之助

虎兒

官兵衛

我們還有這些夥伴唷！

十一

銀次

序幕登場過的居酒屋首領——倉鼠銀次。
早上會去河岸魚市場進貨，有時會直接從早營業到中午。

早安！
要來點咖啡與布丁嗎？

這是早餐定食唷！吃飽飽，
今天也要努力生活啊！

十三

還要再烤一下，請稍待。

什麼？你明天有考試？

那麼，為了預祝旗開得勝，來份炸豬排吧！

*註：日文炸豬排「豚カツ」的後面兩個音，與勝利「勝（かつ）」發音相同，日本人經常會吃豬排討吉利。

開了一間看似與銀次互別苗頭，卻有合作關係的居酒屋。
人稱療癒系虎王。

這是鮭魚卵丼唷！

全部塞進船形餐盤，簡單省事！

天婦羅丼看似簡單，
其實是很費功夫的一道料理。

名言！

比起攻擊型的壞男人，
守護型的暖男
更受人喜愛。

銀次的美味魔法，
我也做得到。

我只想做大家喜歡的料理，
對廚師來說，這其實很簡單
啦！泡麵其實也很好吃呀！
（笑）

二十一

文太

在金藏的店完成實習，便開始擔任銀次居酒屋的外場人員。
他是彌勒的弟弟，看起來很可愛，卻很容易爆怒！

Now or never!!

可以說幾句英文的文太，
有辦法應付外國客人嗎？

玉子燒要甜一點嗎？
啊，醬汁果然放太多了！

沒心要過度努力，痛苦的時候就直說：
「我享受痛苦」！

二十四

處理魚真麻煩。

乾脆直接丟下去煮。

為客人
量身訂作的
雞尾酒。

打了一個大噴嚏

好害羞呀～

我們也會用心搭配室內擺飾唷！

有很多女性客人會來找我聊天呢！

雖然被指定為銀次的繼承人，卻以藥品販售為主題，在 facebook 開始經營粉絲團？彌勒還在探索自我的路上呢。

雖然嘗試了很多方式，
但是做章魚燒的功力還是不太夠啊！

手捲好囉。

你想吃河豚吧？

感冒藥應
該放在
這裡吧！

‧‧‧‧‧‧‧咦？

雅樂 & 和樂

一對雙胞胎老爺爺。退休的知名甜點老店店長——
哥哥雅樂，以及弟弟和樂。

冷コー
あります

大家為我感
到開心嗎？

雅樂：我們倆小時候沒吃過甜食，
冰淇淋、蘇打汽水這種東西看都沒看過，現在講起來好像在作夢呢！

和樂：不想說話時，就是吃魚的好時機！

雅樂：書這種東西啊，多讀一點，
就能培養想像力，也會增加創造力！

銀次團隊 🥚 知識集

嗯？你還在睡呀!

🥚 知識1

銀次與小夥伴的私密空間

說是私密空間，其實非常普通（笑）。大家都在不同的小屋中生活！最近去寵物店發現，比起當年迎接銀次回家時，紫倉鼠的專櫃擴大了呢！這該不會是銀次效應吧？

🥚 知識2

貨車生活

銀次與小夥伴的愛車不論是用於進漁貨或私下玩樂，都相當實用。今天要搭哪一部車呢？

該換輪胎啦！

偶爾登場的小貨車。左圖的換輪胎場景相當受歡迎啊！

彌勒的皮卡貨車，是和他本人超搭的黑色。

金藏開的是帥氣敞篷跑車

因為倉鼠們知道只要參與宣傳活動，就能獲得葵瓜子！?
所以才得以產生令人自豪的知識集。

葵瓜子
知識3

銀次團隊也必須參與
川辺石材的工作

銀次與小野伴們有時也是川辺石材墓園銷售員佐藤先生的上司。他們會協助墓碑銷售的宣傳，甚至是墓碑設計唷♪

協助銷售墓碑

重點是一定要遞上名片！

用發名片的方式宣傳，就能得到葵瓜子。

銀次：佐藤先生要我確認墓碑的圖案再回傳。嗯，我晚點再回他吧。

金蔵：我給佐藤先生葵瓜子，當作工作報酬，他竟然說花生比較好！我絕對要咬他一口！

三十七

twitter 知名場景 風林火山

一、如風般，鑽入心房

銀次：您喜歡什麼，我拿給您！

煮好了！

虎王： 今天一整天，要親切；
　　　　今天一整天，要光明正大；
　　　　今天一整天，要謙虛；
　　　　今天一整天，要真誠；
　　　　今天一整天，要發自內心感謝。

銀次：疲累的時候，
來一杯加滿牛奶與砂糖的
咖啡，最讚了。
好點子往往會在
這種時候靈光乍現呢。

虎王：常說「恭喜」或「謝謝」，
會使說話者與聽話者，
都有好心情呢！

二、如般，靜謐安寧……

銀次：辛苦了！
您這一週來辛苦了！
我都知道！
因為您的臉看起來很疲累啊！

虎王：我今天也很認真做事的啦！
只是，
都沒有人發現！

銀次：沒有運氣好的人，
也沒有衰人。
只有覺得自己運氣好的人，
以及覺得自己衰的人。

銀次：你現在會說自己好累，
就是努力過的證據！
但是那種疲累，
明天還會再出現喔！

嘿！

三、如⊕般之暴怒

虎王：今夜還沒結束！
接下來才要正式開始！

銀次：如果全世界都否定你，
我就否定這個世界。

文太：不論是多麼辛苦的狀況，
正因為經歷過，
才能從中發現幸福。

咚！

文太：別聽他人的閒言閒語！
協調性與社會化那種東西，我不知道！
怕被流言惡意中傷？ 別人想說就讓他去說吧！

四十九

虎王：偶爾會聽到有人嘟噥著
沒有人需要我，我只想要消失。
雖然我認為每一個人都有自己的存在價值，
但是，我能夠協助這種人到什麼地步呢……

虎王：意志消沉時，
只要想著我在背後對你說
「還沒啊！還沒結束啊！」
你通常就會恢復精神了。

四、如般，溫柔療癒♪

箴言？

金藏：請數一數幸福的數量。這會讓你招來更多幸福喔！

名言？

銀次：賴在被窩裡，真是悠閒的時刻啊！

永遠與你在一起 ♡ 的回憶相簿

用幸運草
祝福大家
有好事發生！

這好吃嗎？
管他的，
吃吃看吧！

好苦啊啊啊啊啊啊啊啊啊 ！

虎王

傳說中被轉推
50,663 次的
苦！

※實際上倉鼠沒有真正食用。
倉鼠可以吃的食物種類，
請自行向獸醫諮詢。

每天晚上，推特上的銀次與小夥伴們總是講個不停，成為每個人心中的珍貴回憶！

什……什麼？

牛丼煮好了！
淋上蛋汁後，若味道有點淡，
再澆上醬油，
就能完成驚豔四座的
牛肉料理了──

口頭禪

唉！算了算了！

**不需要醬油油油油油
油油油油油油！？**

銀次

夏天！

萬聖節！

來囉！這是月見丸子！請慢用——！嗯？到底是誰點的餐呢？

聖誕節！

這是進擊的巧克力！

情人節！

甜點好像能夠幫助消除疲勞呢！

金蔵

※實際上倉鼠沒有真正食用。

我們永遠與你在一起 ♡

溫泉裝扮！

偶爾登場的黑柴犬── LAPIS。
與倉鼠們的感情相當融洽，對
於居酒屋的擺設也很有興趣。

※隨意讓狗與倉鼠接觸是相當危險的。
　因為彼此的性格與習性不同，甚至會
　有使寵物受傷的可能性，也會造成倉
　鼠的壓力。如果希望牠們和睦相處，
　請在牠們適應彼此之前，先觀察牠們
　在籠內的狀況。

金藏的實習時代

有比現在還年輕喔？
我完全都沒變嘛！

智慧手機殼銀次
（非賣品）

銀次

這些只是佐藤
的試作品啦！

勇猛的側臉特輯

銀次：年輕時就是要當小混混（笑）！

你敢把我跟銀次搞混，就給我試試看！

火竜砲

使用不常出現的刀劍、戰車等道具，拍攝小混混（？）特輯。
出乎意料地，連金藏都想參加呢（下圖）！

銀次：明天如果有人敢惹你生氣，
就立刻跟我說，好嗎？

不為人知的拍攝花絮

報告

這是擁有 **14,851** 個轉推，
甚至被收錄於整合資源
互聯網站，
奇蹟般的照片！

我竟然在便利商店花了
3000 日幣啊······

拍攝場景擴展到和室的倉鼠們，顯得溫柔療癒。這是相當受歡迎且時尚感十足的金藏，其實牠的房間也是和室風喔。

正在瀏覽部落格！

佐藤又在寫那種沒營養的發文了～～

擄獲大人與小孩的各種興趣……

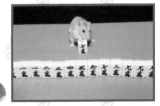

如果有人對我說「歡迎回來」，
我會哭給他看唷！

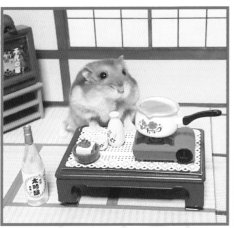

移不開視線！

我想要寫信給遠在天國的朋友。

有自己專屬的和室，真是太讚了♪

DJ♪

🍀 每天都有人生日 🍀

每天都有許多客人到銀次的店慶祝生日，
所以我們都會獻上蛋糕當作祝福。我們想要跟各位一起吃蛋糕呢 ♡

銀次：生日快樂。
咦？今天不是你生日喔？
但今天或許是朋友的朋友的生日呀！
從出生到現在，
這是你的第幾個紀念日呢？

HAPPY BIRTHDAY TO YOU!!!!!

和菓子配綠茶，
好嗎？

啊，不小心
被我吃掉了！

還有鰻魚呢？
最近鰻魚很貴耶！

川辺石材佐藤公亮的

攝　影　日　誌

要拍囉～！
咦，我搞錯了嗎？

　　我收到許多關於攝影方法與袖珍屋的諮詢。這些溫暖療癒的畫面，以及奇蹟般的表情，到底是如何產生的呢？

拍攝空間

首先，要準備一個超大的背景。確保倉鼠能有某種程度的活動空間，左右都要用牆壁圍起來。拍攝時，建議要在設定好的布景外圍，設置防止倉鼠逃跑的柵欄。布景材料可以善用量販店賣的邊材（右圖為彌勒在新店舖的拍攝情形。這個布景做起來，有一種南國風情呢！）

熱帶風情啊～

我一直以來都
超討厭帽子！

拍攝時間

買來的新倉鼠，要先熟悉自家環境，再慢慢地讓牠們到店舖遊玩。由於倉鼠是夜行性動物，晚上非常有精神，所以我會選在有點想睡的正午之前，於室內打開普通燈光，在不使用閃光燈的狀態下拍攝。雖然我總是希望每天都能拍攝牠們，但是如果連續幾天都拍攝，倉鼠會有壓力，因此一週只會選一天來拍。我會特別注意倉鼠是否有在安全無虞、無壓力的狀態下拍攝。

拍攝小道具

雖然我曾經自製道具，但是因為市面上有很多不錯的商品，所以最近大多是用買的。接下來所介紹的「八〇年代 我那懷舊的家」，是倉鼠們相當喜歡的系列。

「袖珍樣品屋系列®」 八〇年代 我那懷舊的家

這系列總共有八種，每一種皆有公仔、迷你貼紙。通常會於超市、便利商店、玩具店等處販售。

Re-Ment
http://www.re-ment.co.jp

電視畫面
（共八種）

魷魚絲

煮水壺
（笛音壺）

日本酒

關東煮鍋與瓦斯爐

以上為「袖珍樣品屋系列® 八〇年代 我那懷舊的家」的部分內容物。實際的商品內容物可能會有所變更。

● 除此之外，有些道具是自製或別人送的，我會從中選出符合倉鼠的小道具來拍攝。

● 這些宣傳海報與商品可能已經銷售一空，內容物也可能有所變更。

關於拍攝

由於倉鼠的移動速度較快，所以不能夠勉強拍攝！按下連拍，即可捕捉到趣味的表情與姿勢。之後再去思考如何使用照片以及推文的內容。使用小道具時，倉鼠可能會真的咬下去，必須特別注意。

該回家了～

佐藤，你累了吧？來一瓶蠻牛吧！

倉鼠銀次的
出生地

大家好，我是川辺石材的墓碑設計師兼愛犬飼育管理員——佐藤公亮。

二〇一四年，我為了幫公司宣傳，而於twitter註冊帳號，

由於我在大眾面前有了曝光的機會，才得以出版這本關於銀次的書。

我所服務的川辺石材是一間販售墓碑，

會介紹陵園等整體祭拜儀式的綜合性服務公司，

因此，在銀次的相關推文之間，偶爾會夾雜著介紹墓碑的照片。

銀次牠們成名之後，公司的陵園也接獲許多「銀次在家嗎？」的詢問。

很抱歉，銀次牠們並不住在陵園，

但是，好像會在某處幫忙構思墓碑的設計呢……（笑）

杜之鄉陵園

位於日本千葉縣八千代市，是一塊通風良好的舒適福地。
當初希望人們能將「幸福的」墓碑放在最適當的環境，而
建造此園。此處遠離城囂，是個靜謐的紀念園區。

諮詢專線  0120-222-714
日本千葉縣八千代市小池397-3
開園時間：9:00~18:00　固定休園日：週三（假日營業）

梨香之鄉陵園

是一座擁有法事室的稀有陵園，而且有日西式合併的用餐
室，可以因應所有法事的相關事宜，最新的管理大樓亦已
完工。設有輪椅專用傳輸帶等設施，讓前來參拜的人皆能
舒適、便利地參拜。

諮詢專線 0120-155-701
日本千葉縣市川市柏井町2丁目1004-6
開園時間：9:00~18:00　固定休園日：週三（假日營業）

南無之鄉陵園

距離市中心較近，為當地最大規模的陵園。將千葉地區歷
史悠久且壯麗的自然景觀納入設計，有一種真切的怡然靜
謐感。接受任何理念、宗教信仰，或是沒有後祭者、沒有
骨灰者安住於此。

諮詢專線 01205-760-310
日本千葉縣佐倉市先崎1513-9
開園時間：9:00~18:00　固定休園日：週三（假日營業）

法事相關事務皆可委託我們！
連絡相關事宜請洽川辺石材佐藤先生（杜之鄉陵園）！

雖然當初我是因為上述原因才開始經營twitter的，
但是許多追蹤者發出「看到銀次就覺得精神來了！」的溫暖回文，
使我感受到來自大家的力量。
此外，我很開心可以透過twiitter，與各地倉鼠飼主深入交流。
我曾經變更帳號，卻有人說：「不要又突然消失啊！」
所以現在我與推友們做了一個小約定，絕不亂換帳號。
之後我還是會讓銀次團隊持續露臉。
接下來，川辺石材也會推出雷射雕刻的產品，
還請各位多多指教。

Twitter「ハムスターの銀次（川辺石材の佐藤の上司）」→ @kawanabesatou
BLOG「川辺石材の佐藤公亮　3度目の挑戦」→http://ameblo.jp/sato-lapis-ginji/Facebook
「ハムスターの弥勒」

※客人的愛犬安迪，雷射雕刻照片。
（安迪的照片製作起來相當有精神，
據說目前放在家中當作擺飾）

正在設計墓碑！

日式風格？

咦！

by higu

未來的銀次團隊

除了 twitter 上的活動，彌勒也在 facebook 經營了新店舖？
例如這種謎一般的藥品販售王國等，未來的銀次團隊也將推陳出新，令人目不轉睛！

{ 彌勒 } 森之高級餐廳

彌勒於 facebook 經營的新店舖
偶爾也會出現在 twitter

印尼風炒飯！

披薩♪

還是飯糰最讚了！

肉！是肉啊！

藥品販售王國好評準備中？

銀次團隊
大集合！

因為在 twitter 上與我一來一往而熟識、擁有溫暖畫風，受到眾人喜愛的 Nix，畫了一張夢幻的銀次團隊大集合插畫，獻給大家。

illustration by
Nix

Twitter → @AKStyleNix

後列左起，依序為南無之助、虎王、虎兒。
前列左起，依序為和樂、雅樂、文太、銀次、金藏、彌勒、官兵衛。

大家

後記　後會有期！

虎王：啊！天下無不散的
筵席，人生就是如此。

銀次：常來坐呀！

川辺石材的佐藤公亮

川辺石材股份有限公司的墓碑設計師、愛犬飼育管理員。奉公司之命,於二〇一四年夏天開設twitter帳號@kawanabesatou（ハムスターの銀次）。瞬間吸引超過七萬名追蹤者,每天都會將銀次惹人憐愛的姿態,配上饒富意義的佳句,與推友分享。

編輯・Book Design　樋口かおる（konekonote）

這是最後一道料理。

超譯鼠輩哲學

超譯鼠輩哲學 / 川辺石材的佐藤公亮作;
張萍譯. -- 初版. -- 新北市 : 世茂, 2016.05
面; 　公分. -- (青鳥;8)
ISBN 978-986-92837-5-5(平裝)
1.哲學
100　　　　　　　　　　105005929

青鳥8

作者／川辺石材的佐藤公亮　　　譯者／張萍　　　主編／陳文君　　　責任編輯／石文穎
出版者／世茂出版有限公司　　　地址／(231)新北市新店區民生路19號5樓
電話／(02)2218-3277　　　傳真／(02)2218-3239　　訂書專線(02)2218-7539
劃撥帳號／19911841　　戶名／世茂出版有限公司　　單次郵購總金額未滿500元（含）,請加50元掛號費
世茂官網／www.coolbooks.com.tw　　排版製版／辰皓國際出版製作有限公司
印刷／祥新印刷股份有限公司　　初版一刷／2016年5月　　ISBN／978-986-92837-5-5
定價／220元